UN MOT SUR L'ALGÉRIE.

UN MOT

SUR

L'ALGÉRIE,

PAR

ÉDOUARD CHAILLERY.

Quand l'abandon est un malheur,
l'homme a pour consolation son
intelligence et son travail.

(*Un abandonné*).

ANGERS,

IMPRIMERIE DE CORNILLEAU ET MAIGE.

1848.
1849

UN MOT

SUR

L'ALGÉRIE

Tant de gens ont écrit sur l'Algérie, que la question devrait être entièrement éclaircie et que le silence le plus absolu, sur cette grave question, paraîtrait seul rationnel; mais quand on voit le résultat, on se demande nécessairement si on a bien éclairé le gouvernement.

Prouver qu'il n'y a rien de fait en Afrique ou presque rien, soit par incapacité, soit par mauvais vouloir, telle est la tâche que je me suis imposée.

Certes, je n'ai pas la prétention de croire ou de faire croire que ce petit aperçu agricole sera ce qui aura été de mieux dit ou de mieux fait.

L'orgueil chez moi, n'a pas encore monté si haut.

Je ne veux que donner quelques conseils pratiques; alors pourquoi la porte me serait-elle fermée? le but est louable, et ma bonne intention me fera, je l'espère, pardonner ma témérité.

Si jusqu'alors l'agriculture a marché lentement vers l'amélioration, c'est que de temps immémorial elle a été laissée à la routine et à l'ignorance; c'est que l'agriculteur, presque jusqu'à nos jours, a été considéré comme l'homme obligé du riche, comme son produit matériel.

Cette idée cependant ne pouvait ne pas s'épurer en passant la filière de 93. De cette époque aussi seulement date l'étude consciencieuse de l'agriculture.

Mais habituellement ce n'est pas à son enfance qu'un art arrive à la perfection.

Deux choses, du reste, l'empêchaient, cette perfection, le travail du sol par les mêmes hommes routiniers, et le défaut de protection des possesseurs ou des gouvernants, pour celui qui aurait pu faire produire, mais que l'indigence réduisait à l'inaction. Lorsqu'après une lutte de vingt ans, le calme revint en France, tout voulut se jeter vers cette industrie qui avait été fatalement oubliée.

Alors on vit sortir de toutes les presses des traités sur l'agriculture. Tel dans son cabinet qui n'avait jamais visité une ferme, qui n'avait jamais vu fendre un sillon, qui n'avait même jamais vu fleurir un épi de blé, voulut inscrire son nom sur ces livres à la mode.

Ces écrivains-là pris au sérieux par quelques hommes ont plus retardé l'agriculture qu'ils ne l'ont avancée, car leur théorie c'était une utopie.

Puis ensuite sont venus ces grands possesseurs qui, n'ayant jamais vu le fond de leur caisse, voulurent donner au pauvre laboureur, que la misère talonnait, de ces théories pratiques qui devaient avoir pour résultat de faire produire à la terre un tiers de plus de son rapport habituel. Mais avaient-ils bien calculé combien leur revenait l'épi qu'ils faisaient admirer ?

Certes, ils étaient et ils sont encore de bonne foi, je les respecte et déplore leur erreur.

Le paysan par lui-même est peu expérimentateur, il est plus positif, il veut calculer et il calcule en effet les probabilités.

L'agriculture n'a donc réellement pris de développement, que lorsqu'on a augmenté les charges du fermier.

Alors on vit, comme par enchantement, disparaître les jachères, et les landes faire place à des produits magnifiques.

Mais alors aussi est arrivée l'avarice des propriétaires, qui voyant en si peu de temps l'aisance naître là, où jusqu'alors s'était abritée la misère, voulurent que la sueur du travailleur tournât exclusivement à leur profit.

Voilà comment on a tué d'un seul coup cet art qui se développait avec tant d'énergie et tant de rapidité.

N'est-il pas à craindre que si le mal augmente, on rende bientôt, si non impossible, du moins bien difficile l'exploitation agricole.

Qu'on me pardonne cette petite digression ; j'ai cru cet aperçu général nécessaire, maintenant je reviens à la question que je me suis posée.

Jusqu'alors la colonisation en Afrique a pu être définie ainsi :

La concession par l'État à des particuliers, ou mieux à des compagnies, d'une étendue de terrain plus ou moins grande, à la charge par le concessionnaire de faire dans un temps donné, telle ou telle chose, par exemple, défricher la première année le dixième de la concession, faire des fossés, complanter un certain nombre d'arbres.

Je le demande jusqu'alors, a-t-on bien veillé à l'accomplissement exact de ces charges? si les conditions n'ont pas été remplies, a-t-on mis le propriétaire en demeure, lui a-t-on en un mot signifié son contrat?

Non, mille fois non, on l'a laissé dormir tranquillement.

Puis ensuite, le gouvernement, avec des documents qu'on pouvait croire positifs, venait dire avec une assurance impertubable, nous avons cette année concédé tant de terrains; ainsi voyez, en comparant les années précédentes, comme la colonie marche avec rapidité vers le développement. Admirez-nous, car vous le voyez, nous menons à bien les intérêts que vous nous avez confiés.

Mais si on avait répondu à ces hâbleurs de tribune, on ne vous demande pas combien vous avez concédé, mais seulement combien vous avez fait défricher?

Qu'eussent-ils pu répondre ? rien, rien, car ils auraient eu honte, s'il y avait encore eu en eux un sentiment de pudeur.

Par exemple, je pourrais dire, et je jette le gant à qui me démentira, il y a trois ans on a concédé à une compagnie (je veux parler de la ferme de l'Union), on a concédé, dis-je, trois mille hectares de terre, dans l'endroit le plus productif de la province d'Oran, au Sig, en un mot. Eh bien ! veut-on savoir combien on a défriché, je me trompe, je voulais dire labourer, et la différence est grande, car sur ce sol tout est fait, il n'y a que le soc à y mettre ; on a ensemencé y compris une vigne, un jardin, environ cent vingt ou cent quarante hectares.

Si c'était là le but qu'on se proposait, on doit bien applaudir, car on l'a atteint ce but.

Vers le Tlélat, si je ne me trompe, on vient encore d'accorder à une compagnie, quinze cents hectares de terre, non compris une magnifique prairie de cent cinquante hectares ; de plus sur la propriété il y a un nombre incalculable de superbes oliviers. Puis, comme si l'administration n'avait pour mission que de s'occuper des riches, elle a livré douze tentes pour abriter les travailleurs, elle a même poussé la complaisance

plus loin, car le bruit s'étant répandu, à vrai ou
à faux, qu'on ne laisserait pas prendre posses-
sion de la prairie au nouveau concessionnaire
(on la lui livrait toute chargée d'herbes, puisque
quinze jours après les faucheurs y étaient), elle
fit escorter le nouveau propriétaire d'un piquet
de vingt-cinq hommes.

Certes, je ne récriminerais pas, si on avait
pour le malheureux la même sollicitude.

Veux-t-on maintenant savoir les charges im-
posées ?

Livrer à l'administration et sur un autre terrain, cent cinquante hectares défrichés. Je n'ose
me demander ce qu'on a entendu par défricher,
dans le doute j'aime mieux me taire.

Puis encore le propriétaire devra construire
un certain nombre de maisons.

Mais c'est de l'ignorantisme le plus pur, on
n'avait pas besoin d'en faire une clause expresse,
car le profit de la compagnie qui a besoin de
faire exploiter, a besoin nécessairement d'abriter les travailleurs.

Tenir une pareille conduite, n'est-ce donc pas
encore vouloir, au profit d'une seule classe, mo-
nopoliser le sol ? n'est-ce pas rendre inévitable

ces grandes luttes qui ont déjà fait couler tant de sang, et qui ne sont arrivées qu'à un résultat négatif.

Il faudrait donc d'abord appeler les bras, cependant il ne faudrait pas exclure les capitaux, mais il ne faudrait pas leur laisser, comme cela a existé jusqu'à ce jour, le droit exclusif de choisir ces vastes plaines, où le travail, comparativement aux autres endroits est presque nul, et où il n'y a presque qu'à récolter, pendant que par une incurie désespérante on ne donnera que des palmiers nains à arracher à celui qui sera un colon sérieux, mais pauvre, et qui ne pourra produire que lorsqu'il aura épuisé et ses forces et ses épargnes.

L'éparpillement qui règne dans la distribution des concessions, est souvent très préjudiciable; le défrichement ne se fera que de proche en proche. Qu'on place d'abord un centre, et tout gravitera autour de ce noyau.

Puis en agriculture, il ne suffit pas de produire, il faut encore écouler, sans cela produit et travail tout serait perdu.

Comment écoulera-t-on? par des échanges; où se feront les échanges? dans les centres de population. Ensuite pour que les transactions soient avantageuses, que faut-il ? des routes ; avec des centres de population, vous avez des routes, des roulages incessants et partant peu dispendieux.

Ainsi, première condition pour la réussite de la colonisation, agglomération d'habitants.

Il serait donc urgent, lorsque le gouvernement se sera entouré de tous les documents possibles, qu'il entrât franchement dans un système sans se préoccuper de toutes ces criailleries qui tous les matins surgissent et que le soir voit disparaître.

Il devra donc lui-même assigner une étendue de terrain à défricher, supposons mille hectares; dans cet espace, vingt familles pourront s'y loger, se nourrir et encore prospérer.

Sur cette proposition je ne crains pas de démenti.

Au début, on devra laisser à chacun le soin de s'abriter comme il l'entendra, de construire son gîte où bon lui semblera.

J'entends déjà dire que je tombe en contradiction flagrante avec moi-même, mais patience !

D'abord, comment se logera le nouvel arrivant, comment, ma foi, je n'en sais rien, mais de grace, qu'on lui en laisse le soin. L'homme a assez d'industrie pour mettre à couvert, lui, sa famille, ses bestiaux et ses récoltes.

Alors vous permettez le disséminement que tout à l'heure vous condamniez, c'est vrai, mais le disséminement s'il existe, ne sera que momentané ; car le vrai colon n'aura qu'un but, en se construisant une chétive hutte, celui d'épargner son petit trésor, pour le porter presque entier au défrichement du sol et à la nourriture de sa famille.

La première année, il ne pourra rien, ou presque rien obtenir de la terre ; ses épargnes s'écouleraient donc bien malheureusement, s'il n'avait devant lui l'avenir qui n'a jamais fait défaut à qui l'a réellement cherché.

La deuxième année il se trouvera à l'abri de la misère, il se trouvera presqu'heureux, car il ne craindra plus la famine ni pour lui, ni pour sa femme ni pour ses enfants.

La troisième, il sera presque riche, mais avec l'aisance naissent nécessairement de nouveaux besoins.

L'habitation primitive alors sera trop étroite ou trop chétive pour lui et ses récoltes. C'est alors que se fera sentir la nécessité de construire réellement, la nécessité de s'agglomérer, je dis la nécessité de s'agglomérer, car l'instinct de la conservation le voudra ainsi en Afrique, d'ici longtemps du moins.

En effet, pour repousser un ennemi commun, on serre ses rangs, et on n'a le courage de la défense, que lorsqu'on a la crainte de perdre.

Les colons ne seront donc véritablement des colons défenseurs que lorsqu'ils seront propriétaires.

Mais comment arriver au défrichement d'un sol couvert de palmiers nains.

Les capitalistes, surtout les capitalistes du jour, qui par une lâche réflexion ont retiré leur numéraire du commerce, diront avec un certain air de philantropie: nous seuls pouvons, sans engager notre avenir, entreprendre ce vaste et difficile travail, et donner aux malheureux qui aboieront, trois cents francs, trois cents francs, c'est la moyenne par hectare, pour les faire taire.

Ces hommes là diront donc, à nous le défrichement, à nous la terre, car nous sommes riches et partant puissants.

Mais le misérable prolétaire, lui aussi est puissant, car il a des bras et une volonté de fer ; et pourquoi lui refuserait-on une portion de cette terre, de laquelle il pourrait dire avec fierté, cette terre-là elle est à moi, oui bien à moi, et à moi plutôt qu'à vous, car j'ai compté par chaque coup de pioche que j'ai donné, les brins d'herbes qui la couvraient, tandis que vous, sybarite agriculteur, vous fuyiez enfermé dans une chambre faite pour vos délices, les rayons d'un soleil qui cuivrait mon teint.

Il faut donc, de toute nécessité, si l'on veut arriver à un résultat prompt que le gouvernement vienne en aide aux colons, non par des promesses, comme cela s'est fait jusqu'à présent, mais par des actes.

Il est juste pourtant de dire que dans quelques cas particuliers l'administration a été bienveillante.

Que le gouvernement se pénètre bien d'une chose, c'est qu'avec de l'aide, et de l'aide intelligente, les bras ne manqueront et ne seront jamais inoccupés. Plus la tâche est rendue facile, plus on fait de travail.

C'est un axiome qui peut s'appliquer à tout.

Il faut donc mettre le travailleur pauvre, c'est le vrai colon et le plus nombreux, dans la meilleure position pour le faire produire le plus possible, et à moins de frais possibles.

Toute l'agriculture est là.

Mais, répondra-t-on, le gouvernement a toujours été et est toujours disposé à faire, mais jusqu'alors on a tant différé sur son mode d'intervention, qu'on le réduit à l'inaction.

Pour moi cependant, son action serait bien simple, et pourtant bien puissante, s'il voulait, mais comme cheptel seulement, donner à chaque possesseur de cinquante hectares, on voit bien, je pense, que je parle du pauvre, deux bœufs, une vache et une truie.

Avec les deux premiers bestiaux, les colons pourraient dès la première année ensemencer les terrains qui ne seraient pas trop couverts de palmiers, la vache leur donnerait un commencement de bien-être intérieur, et leur permettrait l'élèvement des bestiaux; avec la truie ils propageraient l'espèce, les cochons noirs qui existent en Afrique ne deviennent pas assez pesants, et pourraient assurer leur nourriture.

La race bovine d'Afrique étant d'une très petite espèce, il faudrait le plus possible, envoyer

des bestiaux de France; voilà donc déjà un dé-
bouché, faible il est vrai, mais qui pourrait avoir
un grand résultat en prenant de l'extension.

Mais comment pourvoir à tant de dépenses.
Voyons, supputons un peu.

Deux bœufs en France coûteront six cents
cinquante francs, une vache pleine, cent cinquante, une truie garnie variera de soixante à
quatre-vingt-dix francs. Pour qui connaît le
commerce de ces animaux, cette différence
énorme sera régulière, voilà donc huit cents
quatre-vingt-dix francs, mettons neuf cents
francs.

Maintenant que deux mille familles, je parle
toujours des familles peu aisées, s'expatrient et
viennent demander à la terre d'Afrique, ce que
la mère patrie leur aura refusé, un certain bien-
être par le travail, on arrivera à un total d'un
million huit cent mille francs; ajoutons à ces
charges une charrue par quatre familles, la
charrue pouvant être évaluée quatre-vingt francs,
c'est une somme de quarante mille francs; eh
bien, on n'arrive pas encore au chiffre de deux
millions. Qu'on n'oublie pas surtout que ce n'est
qu'à titre de prêt. Je le demande, le fardeau
est-il trop lourd?

La France n'est pas assez riche pour payer sa gloire, mais elle est assez riche et assez bienveillante pour prêter à ses enfants.

Voici maintenant comment s'effectuerait le paiement; la première année on n'exigerait rien, car le colon n'aurait rien récolté; mais la seconde on demanderait le dixième de sa dette; la troisième, le quart du restant; la quatrième, la moitié; et la cinquième le reliquat.

Ce mode de s'acquitter, serait-il donc une charge? comment le colon paiera-t-il ses deux premiers termes, en céréales? les deux autres pourraient être exigés moitié en nature, moitié en numéraire; cependant je préférerais qu'on laissât l'argent entre les mains du travailleur.

L'administration établirait donc le prix de l'hectolitre sur des mercuriales générales, puis elle ferait prévenir le colon qu'il eût à livrer, dans un temps donné, ce qui serait exigible.

Par la remise des charrues pour quatre familles, par le prêt des bestiaux, ne crée-t-on pas nécessairement l'association, ne force-t-on pas les voisins à être entre eux dans les meilleurs termes possibles, puisqu'on rend le travail solidaire de la force; en effet, deux bœufs étant insuffisants pour labourer d'une manière convenable, le colon aura recours aux deux bœufs de son voisin, si quatre encore n'atteignent pas le but qu'il se sera proposé, il ira à six et à huit même.

Qui pourra dire qu'avec une pareille puissance tractive, si les instruments sont solidement confectionnés, on n'arrivera pas à déraciner, en partie du moins, ces palmiers le désespoir du cultivateur. Et cependant, si un pareil résultat pouvait être obtenu, la France ne serait-elle pas payée an centuple des avances qu'elle aurait faites?

Chaque hectare de terre pouvant rapporter à peu près vingt-cinq hectolitres de blé, si la première année le concessionnaire ensemence le dixième, soit cinq hectares, il aura obtenu cent vingt-cinq hectolitres, comme chaque famille représente habituellement cinq membres, et que chaque membre a besoin pour se nourrir de huit hectolitres, le colon, pour nourrir sa famille, dépensera donc quarante hectolitres.

Il lui restera de plus, quatre-vingt-cinq hectolitres. Eh bien, qu'on suppose deux mille familles, puisque c'est la base sur laquelle je raisonne, possédant un pareil grenier et l'on s'étonnera du résultat. Si depuis longtemps on s'était persuadé de cette vérité, la colonie serait plus avancée et plus prospère.

Cependant on n'aurait fait qu'une avance de deux millions pour dix mille personnes, tandis que l'armée coûte, ainsi que le général de Lamoricière l'a dit dans la séance du 9 juin 1847, un million par mille soldats.

La terre d'Afrique, en général, n'a pas de saison pour produire, c'est-à-dire que pendant les douze mois de l'année, elle est toujours prête à recevoir et à faire végéter ce qu'on aura voulu lui confier. C'est une vaste serre, si je puis m'exprimer ainsi, où la chaleur n'a besoin que d'être tempérée par des arrosements.

Je vais donner une preuve de sa puissance végétative. A la fin de 1846, on a semé dans une cour, non loin d'un puits, il est vrai, une graine dont j'ai oublié le nom, au mois de mars 1848, époque où je l'ai vu, l'arbre avait acquis la hauteur de trois mètres, et mesuré vers la partie moyenne, il offrait vingt-huit centimètres de circonférence.

Il est donc urgent que l'administration soit intelligente dans le creusement des puits. Il faudrait, qu'à l'inverse de ce qui a été fait jusqu'ici, le génie, s'il le veut, et il doit le vouloir, s'il veut creuser des puits, qu'il les établisse sur des points élevés, pour rendre plus de terrain arrosable.

Ah! si on pouvait pour ces montagnes qui n'offrent à l'œil qu'une terre brûlée, découvrir la baguette magique de Moïse, et faire sortir une source abondante, on verrait alors se couvrir leurs flancs dénudés et stériles d'arbres qui, non seulement seraient d'un produit immense, mais qui auraient encore l'avantage de changer l'atmosphère au profit des habitants.

Il y a maintenant une question bien brûlante posée devant le pays, l'organisation du travail, certes je n'ai pas la prétention de la résoudre, cette question, bien des hommes encore useront leur vie avant qu'elle soit résolue d'une manière complète.

Cependant, suivant moi, on pourrait la simplifier un peu, et un peu dans une semblable question, est déjà quelque chose.

Les prisons en France regorgent de condamnés; de deux choses l'une, ou les bras sont employés ou ils ne sont pas; s'ils le sont, ils font une concurrence ruineuse à l'honnête ouvrier, car quelque minime que soit le salaire, le travail n'en est pas moins fait, et ce qui est fait n'est plus à faire ; ou s'ils ne le sont pas, alors ce sont des bras inutiles et à charge. Depuis quand et en vertu de quelle loi dispenserait-on les bras des fonctions qu'ils sont appelés à remplir.

Que d'individus aujourd'hui gémissent sous les verroux, qui seraient encore aujourd'hui honnêtes, si la veille seulement ils avaient pu, par un travail qu'ils demandaient en vain, donner à leur famille, qui criait — j'ai faim, — le pain fruit de leur labeur.

Il faudrait donc mettre franchement la hache dans l'organisation des prisons, je voulais presque dire qu'il fallait faire un nouveau 14 juillet 1789, c'est-à-dire faire disparaître du sol de la mère patrie ces receptacles du vice, comme le peuple parisien fit disparaître de son sein, la vengeance des rois et des puissants, la Bastille.

Que fera-t-on, vont dire ces trembleurs de tous les temps, que fera-t-on de ce rébut de la société ? Ce qu'on en fera, on le fera travailleur, oui travailleur, que cela ne surprenne personne, et en le rendant travailleur, on le rendra moral, car son travail aura un but, et un but bien noble, je l'assure, qu'en vain il eut demandé aux murs qui l'étreignaient. Ce but sera la réintégration dans la société d'un membre qui se sera momentanément égaré. Ce n'est pas une utopie ceci, non, c'est une vérité.

Là seulement est le remède.

Devenir possesseur, telle est la devise générale qui a présidé à toute société et qui ne s'éteindra qu'avec l'espèce humaine.

N'est-ce pas cette idée qui a donné la loi agraire, le communisme qui a un si beau nom et un si mauvais programme? N'est-ce pas pour donner à celui qui n'avait pas et qui pouvait travailler, que Fourrier a développé sa théorie.

Ainsi on devrait d'abord envoyer en Afrique tous les détenus condamnés à plus de trois ans de détention ou de réclusion.

Je ne parle pas des condamnés aux travaux forcés, le gouvernement sur ces derniers aurait à aviser.

Il serait bon de les diviser par série de vingt-cinq, on leur donnerait à défricher soixante ou quatre-vingts hectares de terre, on les pourvoierait de quatre bœufs, deux vaches, plusieurs moutons et chèvres, une charrue, une herse,

plusieurs pioches et serpes. Pour rendre la dé-
pense moins forte, on pourrait employer les
bestiaux du pays. Trois femmes qui s'occupe-
raient exclusivement de l'intérieur, seraient
nécessaires.

On n'aurait à s'occuper de leur nourriture que
la première année ; le travail aura dû les mettre
à l'abri du besoin, la seconde ; et puis, les nourrir
en France ou bien en Afrique, la différence ne
peut être bien grande.

Puis comme excitant, comme excitant qui
n'a jamais manqué son but, on accorderait à
celui, qui pendant un laps de temps déterminé
se serait rendu par une conduite irréprochable
digne de révendiquer le titre d'homme honnête
qu'il avait perdu, à celui-là, pour récompense,
on lui accorderait quatre ou six hectares de terre
labourée.

Le voilà donc moral, car il est possesseur, je
ne veux pas dire par là qu'il n'y ait que les possesseurs de moraux, seulement je veux faire
comprendre, qu'ayant un élément de bonheur,
il craindra par une nouvelle faute de perdre à
tout jamais ce qui aura été la récompense de ses
remords et de son travail.

Les séries seraient assez éloignées les unes des autres pour empêcher tout contact entre les travailleurs des autres sections. Du reste, n'avons-nous pas en France, mais sur une petite échelle, la réalisation que je cherche, et qu'on obtiendra si le gouvernement le veut et le veut bien.

Les Anglais, ces grands pourvoyeurs, ces colonisateurs de premier ordre, que font-ils de plus que d'appliquer le principe que je viens d'émettre.

A l'œuvre donc, à l'œuvre sans retard, car le temps presse.

Angers, imp. de Cornilleau et Maige.